Cíclopes

Grace Hansen

Abdo
EL MUNDO DE LOS SERES MITOLÓGICOS
Kids

Abdo Kids Jumbo es una subdivisión de Abdo Kids
abdobooks.com

abdobooks.com

Published by Abdo Kids, a division of ABDO, P.O. Box 398166, Minneapolis, Minnesota 55439.

Printed in China

102025

012026

THIS BOOK CONTAINS RECYCLED MATERIALS

Spanish Translator: Maria Puchol

Photo Credits: Alamy, Everette Collection, Getty Images, Shutterstock, ©ScottKazama p22 / CC BY-SA, ©Oganesson p22 / CC BY-SA

Production Contributors: Teddy Borth, Jennie Forsberg, Grace Hansen
Design Contributors: Candice Keimig, Pakou Moua

Library of Congress Control Number: 2025942210

Publisher's Cataloging-in-Publication Data

Names: Hansen, Grace, author.

Title: Cíclopes/ by Grace Hansen

Other title: Cyclopes. Spanish

Description: Minneapolis, Minnesota: Abdo Kids, 2026. | Series: El mundo de los seres mitológicos | Includes online resources and index.

Identifiers: ISBN 9798384908975 (lib.bdg.) | ISBN 9798384909552 (ebook)

Subjects: LCSH: Cyclopes (Greek mythology)--Juvenile literature. | Mythical animals--Juvenile literature. | Folklore--Juvenile literature. | Legends--Juvenile literature. | Spanish Language Materials--Juvenile literature.

Classification: DDC 398.2454--dc23

Contenido

El mito del cíclope

Los cíclopes son criaturas gigantes de un solo ojo que aparecieron por primera vez en la mitología griega.

Dos tipos

En la mitología griega se encuentran dos tipos de cíclopes. Los describieron Hesíodo y Homero, dos poetas griegos que vivieron en el siglo VIII antes de la era común.

Homero
Hesíodo

Los tres cíclopes de Hesíodo eran unos gigantes muy corpulentos. Eran hijos de Urano (el cielo) y de Gea (la tierra). Estos hermanos **forjaban** armas para los dioses.

Cronos, un titán, tenía miedo de los cíclopes y los encerró en el **inframundo**. También desconfiaba de sus propios hijos y se comió a la mayoría de ellos, excepto a Zeus. Zeus liberaría más tarde a los cíclopes.

Los cíclopes **forjaban** armas para la guerra contra los titanes. Le hicieron a Zeus un rayo, a Poseidón un tridente y a Hades un casco. Con esas armas los dioses vencieron a los titanes.

guerra de
los titanes

Homero describió a sus cíclopes en ***La Odisea***. Estos gigantes de un ojo vivían en una isla. Eran **violentos**, no muy inteligentes y comían humanos.

Polifemo se llama el famoso cíclope de Homero. Es hijo de Poseidón y al que Ulises dejó sin vista.

Cíclopes de hoy

Los cíclopes siguen siendo criaturas populares hoy en día. Aparecen en la literatura, la televisión y el cine. Mike Wazowski, protagonista de la película *Monstruos Inc.*, es un adorable cíclope.

El cíclope desempeñó un papel importante en la mitología griega. El gigante de un solo ojo sigue despertando la imaginación de personas de todo el mundo.

La mitología y los cíclopes modernos

Cíclope
Superhéroe Marvel

- Líder de los X-Men
- Tiene la habilidad de disparar poderosos rayos de energía desde sus ojos
- Sus gafas le hacen parecer que sólo tiene un ojo

Stuart (minion)
Despicable Me

- Trabaja para el supervillano Gru
- Se le da bien construir cosas, como naves espaciales y juguetes
- Siempre tiene hambre

Turanga Leela
Futurama

- Nacida en el año 2975
- Capitana y piloto a bordo de la nave Planet Express
- Experta en artes marciales

Glosario

forjar – dar forma mediante calentamiento y con un martillo.

inframundo – en la mitología griega, reino separado al que un ser va después de la muerte.

La Odisea – poema épico del escritor griego Homero que narra las aventuras de Ulises en su largo viaje de vuelta a casa tras las guerras de Troya.

violento – actuar con gran fuerza o con maldad.

Índice